Made in the USA
Monee, IL
10 December 2022

20633399R00063